UMA ANÁLISE DE QUESTÕES FAMILIARES

UMA ANÁLISE DE QUESTÕES FAMILIARES

ALDIVAN TORRES

Canary Of Joy

Contents

I

"Uma análise de questões Familiares"

Aldivan Torres

Uma análise de questões Familiares

Autor: Aldivan Torres

© 2020-Aldivan Torres

Todos os direitos reservados

Aldivan Torres é psicólogo, médico e roteirista. Fã de literatura e ficção científica, ele pretende revolucionar a literatura. A fama literária não é tudo, o que importa é a mensagem.

"Uma análise de questões Familiares"

O primeiro dia

Parte II- Familyng

2.1-Valores

2.2-Casamento

2.3-Gastos

2.4-Memória

2.5-Comportamento

2.6-Valores da atenção

2.7-Desentendimentos

2.8-Condutas gerais

2.9-Herança

O primeiro dia

Esquenta mais um pouco. Mesmo assim, o grupo segue firme em seu propósito naquela imensidão desértica. Ali, naquele momento, tudo estava em jogo e eles não podiam sequer pensar em falhar. Contudo, não estava ao alcance deles manipular os desígnios de Deus muito menos o destino que eram incontroláveis.

Completam quinhentos metros percorridos. Neste exato momento, uma brisa fria sopra amenizando o calor que sufocava a todos. Philip, o mais maduro, sugere uma pausa e os outros a concedem pois o limite de cada um deveria ser respeitado. Aproveitam o intervalo para retomar a conversa.

"Aonde exatamente querem nos levar, Uriel e Rafael? (Questiona Philip)

"De encontro ao vosso destino. (Rafael)

"Podem ser mais específicos? (O vidente)

"Eu explico. Neste deserto, há dez cidades espirituais cada qual com um grande especialista nas diversas áreas humanas. Com a ajuda deles, podemos desvendar "O testamento" que encerra a vontade do divino em relação ao comportamento das criaturas. Acreditamos que com isso vossas pretensões fiquem satisfeitas. (Uriel)

"Esplêndido. É exatamente isto o que procuramos! (maravilhou-se Renato)

"Ainda está longe da primeira cidade? (Philip)

"Calma. Praticamente nem começamos. (Uriel)

"Podemos continuar? (Rafael)

"Tudo bem por mim. (O vidente)

"Por mim também. Já descansei o bastante. (Philip)

"Vamos então! (Consentiu Renato)

A caminhada é então retomada. A cada passo dado, se sentiam mais confiantes e convictos do que queriam mesmo que o desafio fosse gigantesco. A sorte estava lançada junto a dois misteriosos jovens que aparentavam ser de outro mundo pelo modo como agiam. Em frente sempre!

O tempo passa um pouco. Chegamos às catorze horas e o grupo para uma segunda vez com o intuito de almoçar. Rafael e Uriel tiram as marmitas da mochila e gentilmente distribuem entre os parceiros de viagem. Seria a única refeição do dia e só voltariam a comer na prometida cidade.

Durante o almoço, alegremente conversam, escutam música, se hidratam e colocam protetor solar pois ainda o sol achava-se forte. Naquele exato instante, permaneciam com fé, garra e esperança apesar de um pouco ansiosos e nervosos. Mas isto já era esperado pois estavam prestes a descobrir um grande mistério e até mesmo achar um sentido para suas vidas atribuladas, especificamente no caso de Philip.

Concluem a refeição em trinta minutos e já retomam a caminhada rumo a primeira cidade que ainda se encontrava distante. Com sorte, poderiam chegar lá no final da noite. Portanto, cada minuto era importante e os guias faziam questão de destacar isto.

Continuam firmes no percurso e os sentimentos que predominam no momento são os mesmos apesar de a cada instante o destino se aproximar mais. Além destes, a saudade de casa começa a bater forte para o trio pois estavam acostumados a comodidades que ali no deserto não encontrariam. Principalmente o vidente que ainda tinha mãe e irmãos que o ajudavam em todas as tarefas.

Passam-se mais duas horas sem maiores novidades e sem encontrar alma viva. O cansaço pesa para todos pelo longo percurso já percorrido e pelo clima inóspito que sugava suas energias. Como que pedindo socorro, O vidente e Philip sugerem mais uma parada. Os outros aceitam e nos oito minutos que se seguem aproveitam para beber bastante líquido, comer alguma coisa e receberem orientações dos guias. Após, seguem em frente e prometem caminhar ininterruptamente por mais três horas. Que maratona!

No período que se segue já citado, diminuem o ritmo, mas

prosseguem com as passadas regulares. Quando a luminosidade baixa de vez, os guias usam lanternas poderosas que permitem a visibilidade. Quando completam as três horas, nova parada. Desta feita, seria de aproximadamente trinta minutos.

Além da hidratação básica, decidem sentar em círculos naquele solo empoeirado e duro. Lado a lado, a conversa surge inevitavelmente.

"Quanto tempo ainda para chegar na cidade? (Indagou o impaciente Philip)

"Calma. Aproximadamente duas horas e meia. (Rafael)

"Como ela se chama? (Renato)

"Familyng. (Uriel)

"Por que este nome? (o vidente)

"Porque se consideram uma grande família e seguem alguns preceitos básicos. Chegando lá, procuraremos Isael.

"Beleza. Entendi. (o vidente)

"Mais alguma informação? (Rafael)

"Não. Já basta. (Contentou-se Philip)

"Para mim está bom também. (Renato)

Continuaram o descanso em paz e em silêncio. Passados os trinta minutos, reuniram as energias restantes e retomaram a caminhada. Agora, o destino da equipe estava próximo de se revelar.

No percurso restante, tiveram alguns problemas: Renato fora picado por um escorpião e por sorte os guias tinham trazido o antídoto e o aplicaram de imediato. Ele melhorara. Além disto, Philip esgotara suas forças por conta de sua idade e tivera que ser ajudado. Ainda bem que estavam perto. No exato ponto, Rafael e Uriel pronunciaram palavras em outra língua e então o portal se abrira. Familyng mostrava-se com todo o seu esplendor e foi permitido aos visitantes adentrarem nela.

Após ultrapassarem o portal, começaram a percorrer as ruas estreitas com suas ladeiras da pequenina Familyng com seus sete mil habitantes. Os guias os levaram até uma pousada na praça principal a fim de descansar pois já passava das 22:00 horas. Ao chegarem no estabelecimento, acertaram as bases da noitada na sala de espera e com tudo certo se dirigiram aos quartos(dois). Os guias ficaram em um e os guiados em outro.

Imediatamente após chegar nos quartos em suas respectivas camas, os integrantes das equipes adormeceram. Tinha sido mesmo uma longa viagem para quem não estava acostumado com isso. Sonhariam com o próximo dia que prometia grandes novidades. Até o próximo capítulo, leitores!

Parte II- Familyng

2.1-Valores

Amanhece. Logo cedinho, o trio formado por Renato, Philip e o vidente acordam e após realizarem suas necessidades básicas como ir ao banheiro, tomar café, escovar os dentes e usar uma roupa limpa decidem acordar os guias que ainda não tinham levantado.

Com a permissão da dona, pegam a chave e com o auxílio dela abrem a porta, aproximam-se dos dormitórios e com delicadeza sacodem com força Rafael e Uriel. A estratégia surte efeito e mesmo com o susto eles não ficam chateados. Integram-se então ao grupo, vão tomar banho e comer o desjejum. Após isto, saem da pousada e após caminhar um pouco chegam à praça e se reúnem na mesma com o convidado Isael o qual tinha sido avisado por telefone.

Todos se cumprimentam, abraçam-se e se acomodam nos assentos disponíveis nos bancos. Os guias tomam então a palavra:

"Bem, pessoal, começa aqui um desafio. Iremos descobrir juntos "O testamento", palavras de Deus para anjos e homens. Ao final, conheceremos mais este Deus invisível e saberemos que caminho seguir. De acordo? (Rafael)

"Como será isto? (Indagou Philip)

"Pediremos inspiração ao divino e promoveremos um bate papo democrático entre nós. Neste momento, Deus há de se revelar. (Explicou Uriel)

"Quais assuntos serão abordados? (Interessou-se o vidente)

"Serão dez blocos envolvendo as diversas áreas humanas. Começaremos com o bloco família que tem como especialista Isael. (Rafael)

"Isto. Estou à disposição para ajudá-los. (Prontificou-se Isael)

"Por onde começamos? (Indagou Renato)

"O que sugere? (Uriel)

"Quero saber sobre os valores necessários e indispensáveis para uma boa base familiar. (Renato)

"Muito bem. De acordo, pessoal? (Uriel)

"Sim. (Os outros).

"Então comecemos. Com a palavra, Isael. (Uriel)

"A família é um todo e para este todo ser harmônico e feliz é necessário empenho de todos os seus integrantes. Especificamente os pais tem maiores obrigações por serem os formadores de seus filhos. (Isael)

"E o que é necessário além disso para manter a coesão? (Indagou Philip)

"Um trabalho diário motivado pelo amor e compreensão, fundando uma boa base de valores. (Explicou Isael)

"E que valores você recomendaria? (O vidente)

"Exemplos de humildade, lealdade, generosidade entre outros e vocês? (Isael)

"Cumplicidade, fé e garra. (Rafael)

"Temor a Deus, persistência e dedicação. (Uriel)

"Trabalho, amor à vida e respeito. (O vidente)

"Honestidade, simplicidade e entrega. (Renato)

"Paciência, amor e carinho. (Philip)

"Esplêndido. Deus está agindo entre nós. E o que fariam quando todos os esforços parecem não surtir efeito e os filhos se rebelam? (Isael)

"Eu daria uma boa surra para eles rebelam? (. (Renato)

"Credo, Renato, não esperava por isso. (Espantou-se o vidente)

"Brincadeira. Eu mudaria o foco e deixaria a vida ensiná-los. (Renato)

"Já eu tentaria outras formas para fazê-los enxergar o caminho da luz. (O vidente)

"E que tal mais diálogo? Eu o faria, pois, uma boa conversa sempre produz resultados. (Lembrou Rafael)

"Boa. Além disso, eu pediria ajuda aos céus para me auxiliarem nos momentos difíceis (Uriel)

"Muito bem. Usaria do meu exemplo para inspirá-los e declarava meu amor por eles. (Philip)

"Boa, Philip. É isto o que devemos fazer. Devemos amar os nossos filhos em todos os momentos estejam eles errados ou não. O amor faz milagres. (Isael)

"E quanto ao direcionamento religioso, o que sugere, Isael? (O vidente)

"Recomendo não forçar nada. Deixai os filhos crescerem e decidirem qual caminho seguir pois o livre arbítrio existe para isto. (Isael)

"Concordo. Reprovo a conduta dos pais que levam o filho para sua Igreja, o batizam, sem ao menos pensar nas consequências. (Rafael)

"É importante ter a mente aberta e entender que Deus está em todas as crenças e que a religiosidade não é um fator primordial para a salvação dum indivíduo. (Uriel)

"E o problema maior é quando os pais são de religiões diferentes, aí o bicho pega. (Lembrou Philip)

"Gera um problema grande e os filhos é que acabam sendo prejudicados. (Reforçou o vidente)

"Independente disto, a própria vida, o dia-dia acaba por influenciar o indivíduo construindo aos poucos o seu Maktub e os dois tipos de destino. Muda-se a religião, as crenças, rebela-se, o importante é manutenção de valores, ou seja, não é o fato de ser de uma religião A ou B que terei caráter. (Renato)

"Brilhante, Renato. Caráter é essencial e só é possível construí-lo com os valores citados e como disse com um trabalho contínuo. (Isael)

"E o que você acha que é mais importante para manter a família unida? (Philip)

"Amor, compreensão, respeito. Ser companheiro nos momentos bons e ruins. (Isael)

"Eu fiz isto. Pena que perdi meus entes queridos tão cedo. (Philip)

Lágrimas insistentes escorrem dos olhos de Philip molhando o rosto todo. O fato emociona a todos que se aproximam para consolá-lo. Ali estava um exemplo de um homem batalhador atingido por uma fatalidade.

"O que quer que eu diga? Você sabe que não foi culpa de ninguém. Tinha que acontecer. (Isael)

"O importante é que você não desistiu da vida e que está aqui para aprender um pouco com esta dor. (Rafael)

"Juntos aprenderemos com Deus e ao final o objetivo é superar isto mesmo que não se esqueça. (Uriel)

"Força, amigo. (O vidente)

"Estamos aqui. (Renato)

"Obrigado a todos. Podemos fazer uma pausa? (Philip)

"Claro. O que acham? (Isael)

"Sim. (os outros)

O grupo parou um pouco e aproveitou o tempo para se hidratar, comer um lanche, dar umas voltas em torno da praça e ouvir uma música. Os próximos subitens relacionados à família prometiam grandes descobertas e enriqueceriam "O testamento" que mostrava um pouco do Deus invisível presente em todos. Continuemos então.

2.2-Casamento

O grupo voltar ao ponto de partida na praça após um breve descanso. Com todos reunidos, o bate-papo é retomado.

"Qual subtema de família sugere para iniciar uma nova discussão? (Indaga Rafael)

"Que tal se falássemos sobre casamento? (Sugeriu o vidente)

"Acho uma boa. Concordam pessoal? (Rafael)

"Sim. (Os outros)

"Com a palavra, o vidente. (Rafael)

"Quais são os requisitos para alcançar a felicidade no casamento, senhor Isael? (O vidente)

"Primeiramente, escolher a pessoa certa. Após, cultivar o relacionamento com amor, respeito e compreensão. Penso que isto é o bastante. (Isael)

"E o que acha dos relacionamentos atuais em que a separação se tornou algo comum? (Philip)

"Avanços da modernidade. A cada dia, as exigências um com o outro se tornaram maiores e a tolerância diminuiu o que é uma grande pena. (Isael).

"É possível ser feliz mesmo sem ser casado? (Indaga Renato)

"Claro que sim, jovem. A felicidade está em nós mesmos e não no outro. Ser só é apenas um detalhe. (Isael)

"Como saber se vou ser um bom pai? (O vidente)

"Fácil. Se és um bom filho, serás um bom pai. (Isael)

"Concordo. É questão de valores. (Philip)

"Cabe a cada um de nós dar o exemplo que no futuro colheremos os frutos dos nossos esforços com uma família próspera e abençoada por Javé. (Rafael)

"A união faz a força! Procure o seu semelhante, diz Javé. (Uriel)

"No meu caso, apesar do péssimo exemplo que recebi do meu pai sei que se um dia me casar não decepcionarei meus filhos. Tratarei a todos com justiça, amor e respeito, coisas que aprendi com a guardiã, minha mãe adotiva. (Renato).

"Parabéns para você, jovem. Isto é uma raridade. (Isael)

"E como é! Meu pai também me batia por qualquer motivo porque aprendera isto com seus pais. No entanto, eu não seguirei este exemplo, pois se educa com diálogo e não com violência. (O vidente).

"Depende. Você já foi pai? Já teve hora de seus filhos ultrapassarem os limites e te desafiarem? (Indaga Philip)

"Não, nunca fui. Mas se resolve algo com agressão? (O vidente)

"Com agressão não. Mas às vezes umas palmadas são um santo remédio. Por experiência própria. (Philip)

"Não é uma boa solução. Você provocará só medo em seus filhos. (Interveio Rafael)

"Além disso, crianças pequenas não entendem muito de valores. É preciso paciência. (Uriel)

"É o que eu digo. Nunca se deve bater numa criança por qualquer motivo. Por que não vão bater em alguém do seu tamanho? Maltratar crianças é fácil e coisa de gente frustrada. (O vidente)

"Entendi. Vocês têm razão mesmo. Cometi um erro com meus filhos pensando estar realizando o bem. (Confessou Philip)

"Tudo bem. Já passou. O importante agora é seguir, reconstruir a vida e vejo que está disposto a isso. (Isael)

"Assim espero. (Philip)

"Tem filhos, senhor Isael? (O vidente)

"Não, ainda não tive. (Isael)

"Se tivesse, quais requisitos mínimos necessários seu genro ou nora teria que ter? (O vidente)

"Primeiro, o amor de meu filho. Além disso, que fosse trabalhador, honesto, simpático e que não fosse das trevas. (Isael)

"Caramba! Quanta exigência! (risos) (O vidente)

"Mas é assim mesmo. De modo a alcançar uma relação sadia, este é o mínimo. Já pensou sua nora ou genro ter raiva de você e te prejudicar com trabalhos espirituais? Das pessoas más quero distância, ou seja, cada qual no seu lugar. (Isael)

"Está completamente certo. Não procurarás o mal e terás a sombra de Deus ao teu alcance, assim diz Javé. (Rafael)

"E mais: "O mal é ferida que sangra e não tem cura". (Complementou Uriel)

"Mesmo assim, devemos lembrar o poder do livre arbítrio. Podemos aconselhar, mas nunca interferir na decisão de nossos filhos maiores. (Isael)

"E que Maktub! Aprendi com o vidente. (lembrou Philip)

"Devemos também ser autores de nossa própria história, ajudando os dois tipos de destino. Nunca meros expectadores! (Lembrou Renato)

"Deus diz também: Pega o teu julgo e teu cajado e me segue. Isto é o que realmente importa para ser feliz sendo casado ou não. (Concluiu o vidente)

"Parada de cinco minutos para reflexão. Deus santo e Deus forte continue nos inspirando a escrever seu "Testamento". Vamos, pessoal? (Isael)

"Sim. (Os outros)

Neste intervalo de tempo, Rafael, Uriel e Isael reúnem-se e compartilham segredos. O que de mais interessante viria nos próximos subitens? Continue acompanhando, leitores.

2.3-Gastos

Termina a pausa e o grupo reúne-se novamente no mesmo local de sempre, nos bancos da praça. Desta feita, é Uriel Ikiriri quem toma a palavra inicialmente:

"Falaremos agora de gastos familiares. Quem se habilita para fazer a primeira pergunta para Isael?

"Eu. Falarei da minha experiência pessoal. Desde quando era bem humilde, encaro esta vida como muito fugaz sempre fazendo questão de gastar todo o meu salário até o final do mês. Claro que nunca desperdicei o meu poder financeiro com bobagens, mas sempre procurei alternativas de usufruir do meu trabalho. Esta seria uma atitude correta? (Philip)

"Esta é uma visão seguida por algumas pessoas e não pode ser conceituada como correta ou não. Diria que está mais próxima da primeira. Porém, eu aconselharia que a família guardasse pelo menos dez por cento do seu rendimento como reserva porque nunca se sabe quando precisaremos. A vida dá muitas voltas e é imprevisível. (Isael)

"Entendi. Obrigado. (Philip)

"Em quais atividades você sugeriria que se concentrasse as despesas de uma família? (O vidente)

"Depende da situação financeira de cada uma delas. Há algumas que apenas conseguem suprir suas necessidades básicas e outras que nem isso. Eu recomendaria para uma família de classe média foco na alimentação, saúde, educação, lazer, transporte, doações e reservas. Sendo que para estes dois últimos dez por cento para cada. (Isael)

"Está bem. (O vidente)

"Você acha a formação de um patrimônio pessoal importante? (Renato)

"De maneira alguma. Lembrai o que disse o mestre:" Não ajuntai tesouros na terra onde os ladrões roubam, a traça e a ferrugem corrói e sim no céu, pois lá é sua morada eterna". Uma família tendo um teto para morar, comida na mesa e uma vida com uma harmonia é o essencial e nada pode pagar isto. (Isael).

"Os tesouros no céu só são alcançados com uma grande dedicação ao próximo. Sempre que possível é bom ajudar quem necessita. (Complementou Rafael)

"Com dinheiro? (Renato)

"Não só isso. Com um conselho, com um apoio, doar-se sem esperar volta. Enfim, ser mais humano é o que está faltando a maioria das pessoas. (Rafael)

"Confesso que fui egoísta. Quando estava com minha família, só pensava nela e pouco me importava com os outros. Fui castigado por isso? (Philip)

"Não diga isto. Deus sempre acredita que o ser humano pode melhorar e não impõe nada." Deus não é carrasco, é pai". O que aconteceu foi uma fatalidade e este momento que você está vivendo deve ser usado para reflexão, para a evolução de sua alma. (Uriel).

"Como o que aconteceu comigo na minha noite escura. Foi um momento de aprendizado e quando eu estava preparado, Deus agiu e ressuscitou-me em todos os sentidos. (O vidente).

"Então me ensina, Filho de Deus! Traz de volta a minha luz, a minha paz e tranquilidade. Quero acordar e dizer para mim mesmo: sou feliz! Mesmo que nunca esqueça as minhas tragédias pessoais. (Suplicou Philip)

Philip não conteve novamente as lágrimas. A cada instante, estava descobrindo um mundo que nem sequer supunha antes da tragédia. Ainda assim, tinha pressa de superar suas feridas mais internas que ainda não estavam cicatrizadas. A sua comoção foi tal que emocionou todos os presentes.

O vidente aproximou-se, o abraçou com firmeza e os outros

seguiram seu exemplo fazendo com que o abraço tornasse sêxtuplo. Quando ele se acalmou um pouco, os outros se afastaram ficando apenas o vidente ao seu lado. A conversa foi então reiniciada.

"O que eu puder fazer por você, pode ter certeza que o farei amigo Philip. Juntos, descobriremos a Deus e ele te consolará. Tenha fé! (O vidente)

"Muito obrigado. Você é a pessoa mais especial que conheci. (Philip)

"Obrigado você por compartilhar conosco sua dor. Quando "Fazemos isso, ela fica menos pesada. (O vidente)

"Podemos continuar, então? (Rafael)

"Sim. (Os outros)

"E o que você falaria para uma família que não consegue controlar seus gastos, como alcançar a estabilidade? (O vidente)

"Olha, é preciso ter um mínimo de senso para evitar desperdícios. Gaste apenas o que ganhe. Porém, muitos não controlam sua impulsividade que já virou até doença. (Isael)

"Sofro um pouco disso. Eu confesso. Às vezes programo a compra de duas calças e duas camisas e saio com cinco de cada. Parece ser mais forte do que você. (O vidente)

"Normal. Outros até são piores. Controlar isto é que é arte de poucos. (Isael)

"Eu também sofro do mesmo problema. Como controlar? Existe uma forma? (Interessou-se Philip)

"Algumas. Não usar cartão de crédito, levar apenas um limite de dinheiro, ser exigente consigo mesmo, entre outras coisas. (Isael).

"Que tortura! Desisto! (Philip)

"Eu também apesar de não usar cartão de crédito. (O vidente)

"O Isael está exagerando. O importante é ter uma boa atitude, precavida. (Rafael)

"Se tiver dificuldade, procurar um psicólogo, psicanalista ou psiquiatra. São profissionais que podem ajudar. (Uriel)

"Planejamento! (Concluiu Isael)

"Pessoal, bateu uma fome. Pararemos novamente? (Sugeriu Renato)

"Pode ser? (Indagou Rafael)

"Sim. (Os outros)

"Então vamos comer e depois voltamos. (Rafael)

A equipe levantou-se dos bancos e se dirigiu ao restaurante mais próximo, em frente da praça. Renato tivera uma ótima ideia, pois todos estavam mesmo esfomeados. Ao chegar no estabelecimento, escolhem uma mesa com cadeiras desocupada e ao encontrar pegam o cardápio para avaliar. O que o destino revelaria nos próximos instantes?" O testamento" de Deus para homens e anjos estava se construindo pouco a pouco e prometia grandes surpresas. Em frente sempre! Rumo ao conhecimento.

2.4-Memória

Escolhida a refeição (cuscuz com charque), o grupo espera um pouco em total interação entre si. Instantes depois, são servidos e a conversa continua animada.

"O que estão achando do nosso bate-papo? (Rafael)

"Muito instrutivo. Gosto de debates. (Opinou o vidente)

"Estou gostando também e cada vez mais ansioso pelo que virá. Espero continuar este caminho e confrontar minhas ideias com este conhecimento de Deus se é que é possível. (Philip).

"Muito possível, meu caro Philip. Lembremos da mensagem do mestre:" Onde dois ou mais estiverem reunidos em meu nome estarei com eles". Tenhamos fé! (Uriel)

"Tomara! (Philip)

"Eu acredito! Jesus sempre se mostra através dos homens mais simples e mais humildes e posso afirmar pelo pouco que conheço que Isael, O vidente, Rafael e Uriel são exemplos disso. (Renato).

"Não se deprecie! Deus está em tudo! Você e Philip também são instrumentos num momento tão peculiar. Uma aventura no deserto. (Rafael)

"Eu? (Indagaram concomitantemente e incrédulos Renato e Philip)

"Sim. Somos uma equipe, um todo, seis espíritos de Deus e o sétimo é invisível. Faremos história! (Rafael)

"Isto mesmo. Nunca Deus se comunicou tão abertamente com a humanidade como agora. Somos abençoados. (Complementou Uriel)

"Sabe-me dizer o que provocou isto, Uriel? (O vidente)

"Pode-se dizer que foi a coragem e a vossa audácia aliada com as questões lançadas por Philip. Deus quer mostrar-se inteiramente para vocês e para o mundo com o objetivo de esclarecer as dúvidas pertinentes além de mostrar sua personalidade muitas vezes deturpada ao longo dos séculos pelos Mortais. Compreendê-lo é nossa missão de agora. (Uriel)

"Entendi. (O vidente)

"E quem são vocês? (Indagou Renato)

"Ainda não é o momento jovem. A caminhada é longa e isto não é importante agora. (Uriel)

"O Uriel está certo. Basta para vocês ter confiança em nós. (Rafael)

"Além da confiança, precisamos da fé de vocês em nossa credibilidade. (Isael)

"Está bem. Fazer o quê! (Suspirou Renato)

"Profundo. Muito profundo. Parece que o destino está aprontando mais uma das suas. Começou instigando-me a ler um livro com título "A noite escura da alma" e através dele cheguei aos seus personagens principais. Do encontro, surgiu a ideia do nada de procurar Deus no deserto e ao chegar no povoado encontramos vocês dois que se tornaram nossos guias. Começamos a grande travessia desse deserto imenso e no caminho temos dez cidades para conhecer. Estamos na primeira e a cada minuto me surpreendo. Preciso de respostas urgentes! (Philip)

"Calma, humano! Tudo será revelado. Tenha paciência. (Rafael)

"Desculpe-nos Rafael. Prometemos ser menos ansiosos. Não é Philip e Renato? (O vidente)

"Sim. (os dois, a contragosto)

"Concentremo-nos na comida então. (Sugeriu Uriel)

"E que comida! (Observou Isael)

"Aprovado. (O vidente)

Todos continuaram a comer a refeição que estava muito bem preparada por sinal. Até o término dela, o silêncio predominou aumentando mais as expectativas dos presentes. Porém, eles estavam até certo ponto controlados.

Ao fim da refeição, pediram algo para beber, esperaram mais cinco minutos, a bebida chega sendo sorvida rapidamente. Depois, vão ao banheiro, fazem suas necessidades fisiológicas, lavam as mãos, dirigem-se ao caixa, pagam a conta e saem novamente em grupo de volta ao mesmo ponto de partida.

O curto trajeto é percorrido em oito minutos e eles assentam-se nos mesmos lugares de antes. A conversa se reinicia dando continuidade à elaboração do "Testamento", um código que anjos e homens se esforçaram por bilhões de anos em conhecer e não tiveram a oportunidade.

"Vamos recomeçar. De acordo? (Rafael)

"Sim. (Todos).

"O que sugere como subitem de família, Philip? (Uriel)

"Deixa ver. Que tal se falássemos dos que se foram? (Philip)

"Pode ser. Interessante. O que acha Rafael? (Uriel)

"Perfeito e vocês, vidente e Renato o que acham? (Rafael)

"Parece ser promissor. Aprovado. (O vidente)

"Também tenho interesse. (Renato)

"Por unanimidade o tema será a memória dos falecidos. Com a palavra, Isael. (Rafael)

"A vida é bela e cruel em simultâneo, conosco. Bela porque coloca Anjos em nosso caminho que fazem nossa vida ter sentido e cruel porque nos separa garantidamente destas mesmas pessoas. É complexo isto. (Isael)

"Sei bem disto. Formei uma família que para mim era tudo e no nosso melhor momento a perdi. Como é frustrante saber que você nunca mais terá a oportunidade de tocar, conversas ou até mesmo compartilhar momentos bons e ruins da vida com aqueles que ama. (Philip).

"Também passei por isto e muito cedo. Perdi minha mãe quando era uma criança e fiquei só com meu pai. Depois da sua morte, como uma forma de revolta meu pai aproveitou para me maltratar o que me obrigou a fugir de casa. Encontrei então a guardiã que conseguiu minha adoção e está sendo uma segunda mãe para mim. Contudo, sinto muito a falta da minha mãe biológica." Parece ser coisa de sangue". (Renato)

"Também tive perdas significativas. Os mais próximos foram meus avós, um pai e uma sobrinha. Em cada momento desses, foi difícil aceitar a separação." São feridas que nem o tempo cura". (O vidente)

"O que aprenderam com suas perdas? (Rafael)

"Como minha história em recente estou a caminho ainda. Um dos motivos para eu estar aqui. (Philip)

"Minha mãe me deixou cedo. Tenho poucas lembranças disto. (Renato)

"Tenho poucas lembranças dos meus avós. Perdi meu pai com quinze anos e apesar do seu distanciamento habitual foi muito duro. Recentemente, perdi minha sobrinha. As perdas até aqui me ensinaram a importância da vida, de cada instante, e a ser forte. É vida que segue! (O vidente)

"Muito bem! Estamos com vocês! (Animou Rafael)

"O importante é não desistir da vida. (Uriel)

"E lembrar também que há sempre uma esperança. Poderemos reencontrar aqueles que amamos em outro plano ou aqui mesmo na nova terra prometida. (Isael)

"Como será isso? (Interessou-se o vidente)

"Está escrito: "No final dos tempos, após o julgamento, haverá um novo céu e uma nova terra. Não haverá mais choro, sofrimento, mortes ou guerra. As pessoas serão boas e ajudarão umas às outras num ciclo perpétuo de felicidade". (Isael)

"Foi o que prometeu o alfa e o ômega. (Garantiu Rafael)

"Creem nisto? (Uriel)

"Eu creio. (O vidente)

"Eu também. (Renato)

"Eu creio! (Philip)

"Quando será isto? (Renato)

"Esta data é um mistério e dela tem conhecimento apenas Deus e seus filhos. (Rafael)

"Não se preocupe Renato. Ainda demorará muito tempo. (O vidente)

"Como sabe? (Renato)

"Eu intuí. Este mundo tem muito que avançar até chegar ao ponto final. (Argumentou o vidente)

"Concordo. Estamos no começo das dores do parto. (Rafael)

"Provavelmente alguns de vocês ainda vão reencarnar outras vezes aqui fazendo o planeta evoluir. (Uriel)

"Até que se complete o ciclo. (Isael)

"Que assim seja! Quero ser é feliz no tempo que me resta. (Renato)

"Eu também. Reconstruir minha vida e minha autoestima é tudo o que preciso. Obrigado a todos. (Philip)

"De nada. Comigo, um por todos e todos por um! (O vidente)

"Um por todos e todos por um! (os outros)

O silêncio se iniciou. Deram mais uma pausa de cinco minutos e momentos depois já estavam prontos para recomeçar o bate-papo. Que novas revelações surgiriam para compor "o testamento"? O código ia se expandido e demonstrado a cada momento uma face de Deus que a maioria desconhecia. Continuem acompanhando.

2.5-Comportamento

Pacientemente, Rafael retomou a conversa:

"Quem desta vez sugere o assunto? (Rafael)

"Eu. Trabalharemos com o comportamento familiar. De acordo, pessoal? (Uriel)

"Sim. (Os outros).

"Com a palavra então o mestre Isael. (Uriel)

"Bem, Comportamento numa pessoa é tudo seja em família ou sociedade. É preciso saber lidar com as situações da melhor maneira possível. (Isael)

"Como o quê, por exemplo? (Indaga Philip)

"São inúmeras. Por exemplo, a sutileza de um homem ao abrir a porta de um carro para uma mulher ou puxar uma cadeira para a mesma num restaurante, conversar menos e ouvir mais, ser simpático e cordial com as pessoas. (Explicou Isael).

"Entendi. Faço algumas dessas coisas. Deixo a desejar em outras. Afinal, ninguém é perfeito, não é mesmo? (Philip)

"Claro que não, amigo. Ninguém é. No meu caso, levo a minha boa educação para qualquer lugar que eu for. Uma das minhas marcas é saber tratar bem as pessoas. (O vidente)

"Vocês estão de parabéns, meus amigos. O que se observa no mundo de hoje em sua maioria são pessoas arrogantes, orgulhosas, donas da verdade que por qualquer coisa xingam, agridem ou até matam. Estamos vivendo o mundo da competição e do salve-se quem puder! (Lembrou Rafael)

"Pura verdade! Devemos lembrar que Deus procura os mansos e humildes de coração. (Uriel)

"Que bom saber disso! Estamos no caminho certo. (O vidente)

"E você, Renato como é seu comportamento? (Quis saber Philip)

"Normal. Às vezes sou gentil e outras explodo. Em casa, sou bem-comportado exceto quanto à minha privacidade. (Renato)

"Como assim? (Philip)

"Quando estou à vontade vez ou outro solto peido! (Renato)

"Que horrível! (Exclamou Philip)

"Maravilhoso. (Em risos, Rafael e Uriel)

"Tem vergonha, Renato! (Brigou o vidente)

"Por quê? O filho de Deus não solta peido por acaso? (Renato)

"Sou normal. No entanto, mantenho a minha educação a todo instante. (o vidente)

"Exemplo! Nem eu! (Philip)

"O pior é quando se solta na hora da comida. Uma vez, minha mãe me deu uma palmada daquelas e a partir daí nunca mais fiz nesta hora. (Renato).

"É uma das piores que se faz nesta hora! Outros que incomodam também são o arroto e o bocejo. (Opinou Philip)

"Ainda bem que se remediou! Isto é coisa de gente de terceira linha. O que acham, Rafael e Uriel? (O vidente)

"São coisas que acontecem, mas é bom não as repetir se possível. (Rafael)

"Assim diz Javé: Não se preocupem com a digestão ou os resultados dela. Procurem sim, seguir os exemplos notáveis de cooperação, caridade e otimismo deixado por muitos para que frutifiquem. (Uriel).

"Legal. Então continuarei soltando meus puns pelo menos em casa. (Renato)

« Que incrível. (Risos de Rafael, Uriel, Philip, vidente)

"Mas o que for da boa educação é melhor mantermos sempre. (Arremeteu o vidente)

"Que tal pararmos um pouco e darmos uma volta por aí? (Sugeriu Renato)

"Pode ser. O que acham? (O vidente)

"Contanto que não se demore. Ainda faltam alguns tópicos para hoje. (Lembrou Rafael)

"Temos quinze minutos exatos. (Uriel)

"Então, vamos! (Philip)

O grupo sai, arrodeia a praça e um deles aponta uma barraca que vendia salgados, frutas e guloseimas em geral. Dirigem-se para lá, cada um pede um pão recheado e gentilmente Philip se oferece para pagar. Demoram cinco minutos saboreando esta delícia que não era muito bem recomendada para se consumir.

Após comerem, passam ainda por algumas lojas de eletrônicos, roupas e pizzarias só para conferir alguns preços. Ao final, retornam para o mesmo local de antes. Cada um senta no seu lugar e com um aspecto mais arejado estão prestes a retomar a elaboração do "Testamento".

2.6-Valores da atenção

"Continuemos então na nossa proposta. Alguma sugestão? (Rafael)

"Eu. Que tal falarmos sobre o valor da atenção? (O vidente)

"Gostei. Pode ser mais específico? (Rafael)

"Tenho uma história para contar. Querem ouvir? (O vidente)

"Quero e vocês? (Rafael)

Os outros acenaram positivamente com a cabeça e por alguns instantes o vidente pensou na melhor forma de contar uma história marcante. Tinha que sintetizar o suficiente para todos entenderem o conteúdo da mesma. Tomando a coragem necessária, ele pronunciou-se:

"Era uma vez uma família de classe média alta residente em Franca, interior de São Paulo. A família de sobrenome Foster Pereira era composta pelo pai divorciado Roberto e os filhos Severino e Charles. Roberto, o chefe da família, era um empresário bem-sucedido muito dedicado ao trabalho. Seu único objetivo era angariar riquezas de modo a proporcionar o que era de melhor para seus filhos. Até aí tudo bem. O problema que o seu foco o distanciava um pouco daqueles que amava. Num certo dia, aconteceu uma fatalidade e seus filhos morreram afogados numa piscina localizada numa chácara de amigos. E agora? Para quem deixarei minha riqueza? Pensou Roberto. Foi neste momento que ele aprendeu que muito mais importante do que o dinheiro estava o carinho com os filhos que ele se privara. Não tivera a oportunidade de dizer aos filhos: eu te amo! E isto estava o destruindo. Por isto, meus irmãos, Se Deus te dá a oportunidade diga a seus familiares e amigos próximos o quanto eles são importantes em sua vida agora. Não deixa para depois, pois não temos o domínio do que vai acontecer daqui a cinco minutos e já pode ser tarde. (O vidente).

"Muito profundo, Filho de Deus! Também vivi algo parecido na minha família. O acidente também me mostrou o lado mais revoltante de ficar sozinho e de que só dinheiro não é o bastante para ser feliz. (Philip).

"Isto é bastante comum. No meu caso, além de não me dar atenção meu pai me batia e me escravizava o que era bem pior do que o exemplo apresentado. (Desabafou Renato)

"Que pena, Renato! Ainda bem que você superou. Parabéns pela coragem da mudança. (Isael)

"Obrigado. Ainda tenho feridas não cicatrizadas, mas vivo feliz com minha mãe adotiva. Também sou feliz por fazer parte com o vidente desta maravilhosa série. (Renato)

"Você é insubstituível, Renato. Com sua inteligência e astúcia nos tirou de sérios apuros. Voltando ao assunto, o que acharam da história, Rafael e Uriel?

"Um exemplo dentre muitos casos neste país. Não é só o dinheiro e a sede de poder que separam uma família. Também existem a incompreensão, a intolerância e principalmente o desrespeito. Família não se escolhe sendo preciso o mínimo de esforço para se viver em paz e em harmonia. (Rafael)

"Assim diz Javé: Pais, comprometam-se em formar uma boa base familiar para seus filhos e sejam exemplo de dedicação para eles em todos os sentidos. Dinheiro é importante sim, mas não é o suficiente para alcançar a felicidade. "Do que adianta sua casa estar arrumada se dentro dela existem pessoas infelizes? É preferível morar numa choupana e ter a paz consigo mesmo". (Uriel)

"É possível alcançar a plena felicidade, Uriel? (O vidente)

"Muito difícil presentemente, mas plenamente possível. Basta o homem trabalhar por seus objetivos, ser fiel aos seus valores e às leis de Deus e mesmo diante do fracasso não desistir. As outras coisas lhes serão acrescentadas conforme suas obras, palavra de Javé. (Uriel)

"Aleluia! A tragédia me destruiu completamente, mas sinto que fui feliz enquanto pude junto à minha família. (Philip)

"Que bom, Philip. Agora vamos trabalhar para dar novo sentido às nossas vidas. (O vidente)

"Eu creio em milagres apesar de tudo! (Exclamou Philip)

"Estar aqui já é um milagre! Desfrutar da sua companhia e as de Rafael, Uriel, Isael, o vidente me emociona. (Renato)

"Obrigado! (Philip)

"Estamos indo bem." O testamento "está fluindo. Quando estiver concluído, Anjos e homens poderão conhecer o Deus invisível e seus valores reais. Chega de deturpações! (Rafael)

"Somos seis espíritos que estão presentes e um sétimo onipresente, coordenando tudo. Vamos rezar para continuar com sua graça. (Uriel)

Cada integrante da equipe levantou-se do local em que estavam assentes e se reuniram em círculo. Uriel e Rafael levantaram as mãos e oraram numa língua totalmente estranha para os demais. Ao término da oração, à terra tremeu e um fogo do céu penetrou em todos os presentes. Foi aí que tiveram uma visão misteriosa e edificante que aqui não cabe revelar.

Dez minutos depois, o fogo se integrou totalmente aos presentes e os encheram do espírito santo. Com um sinal, Rafael ordenou que todos voltassem aos seus lugares. E agora? Quais seriam os próximos aprendizados? A cada momento, coisas surpreendentes estavam acontecendo e os instigavam a continuar testando seus limites, descobrindo o valor real da existência de cada um deles. Em frente! Rumo ao próximo capítulo movidos por Javé.

2.7-Desentendimentos

"Podemos continuar amigos? (Indagou Rafael)

"Claro que sim. O que acham pessoal? (O vidente)

"Sim. (Os outros).

"Então iniciaremos o item sete. O que sugere Renato? (Rafael)

"Estava pensando em falarmos sobre a questão dos desentendimentos e suas possíveis soluções. (Renato)

"Gostei. O que acha, Irmão? (Rafael)

"Ótimo para refletir. (Uriel)

"Este Renato é um gênio. (Philip)

"Por isto o escolhi para ser meu companheiro de aventuras. (O vidente)

"Obrigado, pessoal. Menos. Deixemos o Isael se pronunciar. (Renato)

"Bem, pessoal, uma família ou uma sociedade é um conjunto complexo de pessoas cada uma com personalidade e opiniões próprias. Diante disto, é normal ocorrerem desentendimentos uma vez ou outra. O problema é quando isto passa a ocorrer com frequência ou ultrapassa os limites. Agora, é necessário parar para repensar as atitudes e buscar meios para retomar a harmonia. (Isael)

"Quais seriam estes meios? (Interessou-se Philip)

"Bem, cada caso é um caso. Em geral, buscar o ponto de atrito, dialogar e negociar de modo que as partes dissidentes fiquem satisfeitas. Tudo com muito respeito. (Isael)

"Entendi. Lembrei-me agora de algumas discussões que tive com minha falecida esposa. Se tivesse estas informações não a teria magoado. (Philip)

Philip se abaixa, pega um lenço no bolso e enxuga algumas teimosas lágrimas que desciam dos seus olhos e molhavam seu rosto suado. A cada palavra pronunciada, lembrava de sua família o que ocasionava emoções incontroláveis. Porém, era uma emoção boa e sentia que não estava muito distante do dia em que superaria boa parte dos estigmas provocados pela tragédia. Devia tudo isto aquela equipe maravilhosa que se empenhava em ajudá-lo.

Três minutos depois, guarda o lenço e se propõe a continuar a participar e escutar os outros.

"Não se culpe, Philip. O que passou, passou. O importante é viver o presente e se preparar para o futuro se assim Deus permitir. (O vidente)

"Sábias palavras, filho de Deus. Aí está a chave para seu renascimento, Philip. (Isael)

"O problema é ter forças para se chegar até este nível. (Philip)

"Assim diz Javé: "Se escutares a minha voz nas diversas manifestações em sua vida, inclusive esta, prometo que não haverá mais choro ou sofrimento nela. Somente felicidade e sucesso." (Rafael)

"Quando digo que não haverá mais choro ou sofrimento é que você estará plenamente preparado para enfrentar os fracassos, as tragédias e decepções que acontecerem porventura. Não terão mais influência na sua vida e você caminhará a passos largos concretizando vitórias importantes", palavra de Javé. (Uriel)

"Que assim seja! (Philip)

"Lembrando que para isto ser possível será necessário muito empenho e dedicação da nossa parte. Estamos na primeira das dez cidades que iremos passar, ou seja, estamos na ponta do Iceberg. (Esclareceu o vidente)

"Não tenho medo não. Desde que resolvi procurar Renato e você, tinha consciência que não seria fácil. Prometo que não faltará disposição da minha parte. (Philip)

"Que bom! (O vidente)

"Fico também feliz. Desde que você me procurou na montanha percebi um brilho diferente nos seus olhos. Um brilho característico dos guerreiros. Saiba que pode contar comigo para o que precisar. Amigos sempre! (Renato)

"Obrigado, Renato. A recíproca também é verdadeira. (Philip)

"Muito bem! Não se esqueçam também de nós. Precisando, é só mentalizar ou chamar nossos nomes que os socorreremos. Estamos à disposição. (Rafael)

"Somos como se fossem seus anjos da guarda. (Complementou Uriel)

"Considerem-me também um amigo. (Isael)

"Obrigado aos Três. Obrigado também Renato e Philip por embarcarem junto comigo em mais uma aventura. (O vidente)

"De nada. Amo nossas aventuras (Renato)

"Eu que agradeço. (Philip)

"Bom, pessoal, subitem esgotado. Agora o próximo que vai escolher serei eu. Que tal? (Rafael)

"Sem nenhuma objeção. (O vidente)

"eu também não. (Philip)

"Eu, muito menos. (Renato)

"Eu não aceito! Brincadeira. Á vontade, irmão. (Uriel)

"Pode falar, Rafael. (Isael)

"Vejamos........(Rafael)

Rafael franziu a testa e deixou um clima de suspense no ar. O que ele estava planejando para a continuação do Testamento? Seja o que fosse certamente seria instrutivo vindo dum ser de tanta iluminação e experiência o qual demonstrara. Rumo ao próximo capítulo!

2.8-Condutas gerais

"É o seguinte: proponho um desafio. Cada qual aqui vai fazer uma lista de cinco mandamentos distintos essenciais para uma comunhão com Deus. Não vale repetir nem copiar do outro. De acordo, pessoal? (Rafael)

"Interessante. (O vidente)

"Instigante. (Philip)

"Emocionante. (Isael)

"Vamos tentar. (Renato)

"Comece irmão. (Isael)

"Os meus cinco mandamentos são: Amor e temor à Deus, Misericórdia, justiça, guerra e sinceridade. (Rafael)

"Ótimo, irmão. Poderia ser mais específico? (Uriel)

"Há um só Deus múltiplo, onipotente, onipresente, onisciente e devemos amá-lo e respeitá-lo sobre todas as coisas; por maior que seja a distância provocada pelo pecado entre Deus e a criatura, enquanto há vida há sempre uma esperança, pois todos os pecados já foram pagos por Jesus Cristo. A misericórdia de Javé é infinita; colhemos o que plantamos, esta é a máxima. Somente com muita apelação e fé é que a misericórdia pode superar a justiça; é preferível a paz a guerra. No entanto, estamos preparados para lutar pelos dois filhos de Deus contra as forças das trevas; sejais sinceros consigo mesmo e com o altíssimo em todos os sentidos. Da sinceridade brota a confiança e a harmonia. (Rafael)

"Massa! (O vidente)

"Perfeito (Philip)

"Senti as vibrações daqui! Deus está conosco! (Isael)

"Qual é o próximo? (Indagou Renato)

"Eu! Escutem humanos o que diz Javé: Amai o próximo incondicionalmente e com um amor igual ou maior que a ti; não mates; não roubes; não sejais orgulhosos; evitais a inveja. (Uriel).

"Eu já faço isso! (Renato)

"Ainda não sigo estes itens. (Confessou Philip)

"Sou esforçado nestes pontos. Deixo para Deus julgar minha conduta. (Informou o vidente)

"Estou com Philip e o vidente. (Isael)

"Cuidado! Não se menosprezem ou se supervalorizem demais. Sigam o que o filho de Deus disse. (Rafael)

"O amor se mostra nas pequenas e nas grandes coisas, numa palavra de conforto aos aflitos, na proteção ao próximo nos momentos difíceis, na renúncia, na entrega, na cumplicidade do dia a dia; quando digo que não matarás, isto engloba não só a agressão propriamente, mas todo ato de menosprezo, ódio, raiva, ou humilhação do outro. Lembrai, vaso de barro, vós não sois dono da própria vida quanto mais a do próximo. Muito cuidado, pois pedirei contas num dia imprevisto (O dia do ladrão) e se não tiveres preparado pode preparar-se para choro e trevas assim como disse há dois mil anos. Já com relação ao roubo, não suporto malandros ou preguiçosos que andam como lobos a procura das ovelhas trabalhadoras, vocês estão ajuntando dívidas em vez de tesouros. Com quem irão me pagar? Ou o que tem o homem para me dar em troca? Como disse meu filho, se teu membro o leva a pecar, jogue-o fora antes que todo seu corpo seja condenado. Com relação ao orgulho, é isto que está levando muitos a perdição. Vos sois pó e muitos se acham importantes por ter dinheiro, posição ou estatuto. Pois, eu digo: de nada isto vale para mim, pois meço os corações e estou à procura dos verdadeiramente puros, contritos, sinceros e honestos. Alguns poderiam me perguntar: como alcançar isto? Aprendei com meus filhos, mansos e humildes de coração em todas as situações apesar de toda sua grandeza. Neles, reside o meu amor e minha graça. Enfim, trabalhem e dediquemse aos seus objetivos e não cultivem a inveja. Cada qual tem o que merece no tempo devido e não adianta ficar se comparando a ninguém, pois cada um tem sua história. Sou pai de todos e estou disposto a cooperar desde que façam vossa parte, Palavra de Javé. (Uriel).

"Glória a Deus! (Renato)

"Palavras que dirigem e acalmam meu coração. (Philip)

"Aleluia! (Isael)

"Quem será o próximo a listar às cinco condutas? (Rafael)

"Pode ser eu? (Indagou o vidente)

"Á vontade, filho de Deus. (Rafael)

"Meus mandamentos são: Respeito para com Deus e as pessoas, não cultivar preconceito de nenhuma espécie, praticar a caridade, proliferar o amor e a amizade, cultivar e manter a integridade. (o vidente)

"Detalhe para cada um de nós. (Solicitou Uriel)

"Aprendi com a experiência da vida que o respeito é o principal em tudo seja entre familiares, colegas de trabalho, amigos, conhecidos porque impõe limites e um certo distanciamento necessário para manter nossa privacidade. Em relação ao preconceito, não o admito em caso nenhum, pois o valor do ser humano não está na sua raça, etnia, cor, opção sexual, sexo, time de futebol ou classe social e sim em suas atitudes, obras e palavras que traduzem o íntimo dos seu ser. Em seu coração está o seu verdadeiro tesouro. Já sobre a questão da caridade, sempre que possível é bom ajudar os necessitados tanto da questão material quanto da espiritual. Este ato enobrece a alma. No tocante a conduta das relações, sou mente aberta e cultivarei o amor e a amizade junto à todas as criaturas. Sabe, não importa se você é do meu sexo ou não, o que importa é a afinidade, o carinho, o respeito, a individualidade. O mundo só é maravilhoso por conta da diversidade. Por último, cultivar alguns valores básicos no dia a dia é essencial para manter a integridade, a honra e a dignidade. Sou feliz com que aprendi junto a meus pais, mestres de vida, amigos, parentes, conhecidos, estranhos e principalmente com Deus. Tornaram-me um ser ético, realizado e comprometido com meu dom com o objetivo de ajudar toda a humanidade. (Declarou o vidente).

O vidente para um pouco. Passa a mão no rosto com o objetivo de esconder algo, talvez alguma lágrima esquecida por ali. Em seus trinta e um anos de vida, vivera intensas experiências e emoções: fracassara, decepcionara-se, passara uma noite escura da alma longe de Deus e dos bons costumes, mas reergueu-se. Agora estava trabalhando para o sucesso do seu projeto" O vidente", largando por ele outros sonhos (Pois a vida é feita de escolhas), e tinha a consciência que Deus estava junto dele todo este tempo, nos bons e maus momentos. Sentia-se pronto para o sucesso e junto com seus colegas queria mostrar um pouco do ser maravilhoso que o acompanhava para o mundo. Dar seu depoimento mexera bastante com ele.

Sentindo este momento, seus colegas aproximam-se, o abraçam e o confortam de todas as formas possíveis. Alguns instantes depois, o vidente se acalma um pouco mais, os colegas voltam a seus lugares e então o bate-papo é reiniciado.

"Obrigado a todos. Desculpem minha fraqueza. (O vidente)

"Não se preocupe. Eu também já tive inúmeras quedas de humor. (Observou Philip)

"Somos uma equipe. Pode contar com seu velho Renato sempre. (Renato)

"Que de velho não tem nada, não é senhor Aldivan? (Brincou Isael)

"Velho na sabedoria e jovem na idade. (Respondeu o vidente)

"Obrigado parceiro. (Renato)

"Bem, como tudo voltou ao normal, qual o próximo a falar? (Rafael)

"Eu! (Declarou Philip)

"À vontade, Philip. (Uriel)

Philip levantou-se do assento e colocou-se aproximadamente no meio, com visibilidade entre todos. Ficou estático por um momento como a pensar nas melhores palavras para descrever seu estilo de vida. Que sugestões teria para que a humanidade seguisse? Seriam mais cinco itens proferidos por um homem sofrido, marcado e revoltado devido a uma tragédia, mas profundamente tocado por Deus naquela cidade denominada Familyng em pleno deserto. Vamos a sua fala proferida em seguida:

"Meus cinco mandamentos são: dedicação ao trabalho, socialização, lazer, prestatividade com o outro, e separação de prioridades. Com relação ao mandamento um, posso dizer que o trabalho dignifica o homem seja ele qual for. Contudo, se o seu sonho for uma melhor colocação no mercado de trabalho, lute e dedique-se até o fim. É este o meu conselho. Já sobre a questão dois, entendo que a socialização é essencial tanto de ideias quanto de projetos. "Mostre-se ao mundo sem medo". O item três é essencial para a nossa saúde mental e deve ser usufruído pelo menos uma vez por semana. Lembrem-se: Deus trabalhou seis dias e descansou no sétimo. Os dois últimos itens aprendi após a tragédia e o conselho que dou é que lute pelos seus sonhos. No entanto, preste atenção a quem está seu lado e o apoie em todos os sentidos. Dinheiro não é tudo nem tampouco traz felicidade. (Philip)

"Esplêndido! A vida nos ensina muitas coisas através das suas dores. (Isael)

"E como! Mesmo sendo tão jovem, vivi experiências cruéis e ímpares que me fizeram refletir e tomar o rumo certo. Querem que eu partilhe? (Renato)

"Claro. Estamos aqui para isso. (Rafael)

"Deus quer escutá-lo filho e fazê-lo compreender. (Uriel)

"Quero saber também das suas dores. (Isael)

"Á espera. (Philip)

"Á vontade, companheiro. (O vidente)

"Meus quinze anos de vida mostraram-me diversas questões da existência, muitas delas opostas. Sem nenhum medo declara que meus mandamentos são: não agredirás seu próximo, seguirás as regras que não interfiram em tua felicidade, não brincarás com o sentimento alheio, seja leal para com todos e se solicitado dê bons conselhos. (Renato).

"Qual a importância disto para você? (Uriel)

"É minha bússola quando fico com dúvidas. (Renato)

"Muito bem! Deus te ama! Guarde isto. (Rafael)

"Obrigado. Eu também amo ele. (Renato)

"Disse Deus:" Aqueles que me amam são aqueles que guardam os meus mandamentos e o praticam continuamente. Pois, de nada adianta a fé sem obras". (O vidente)

"Brilhante! Obrigado pelas palavras, filho de Deus. (Philip)

"De nada. (Vidente)

"Acredito que me insiro neste contexto, não é parceiro? (Renato)

"Claro que sim. Eu só complementei as informações para os demais. (O vidente)

"Agora só resta a falar seu Isael. (Interveio Rafael)

"É verdade. Meus mandamentos são: ternura, fidelidade, companheirismo, pureza e sabedoria. Estes cinco elementos combinados fazem o ser humano ter um grau de elevação muito alto. (Isael)

"Anotado! (Philip)

"Bem lembrado! Costumo me esforçar neste sentido. (o vidente)

"É possível chegar lá? (Renato)

"Quase impossível. Mas quando o ser humano se abre à luz divina tudo é possível. (Rafael)

"Com Deus posso tudo, sem ele não sou nada. (Complementou Uriel)

"Agora chega! Vamos parar um pouco e refletir. Mais dez minutos de parada. (Solicitou Rafael)

"Tudo bem. De acordo, pessoal? (O vidente)

"De acordo. (Todos)

O grupo deu uma pausa nos trabalhos e aproveitaram o intervalo para dar uma volta na praça e tirar fotos com o intuito de recordação. Na volta, experimentariam novamente do poder divino que os acompanhava e que estava os auxiliando a escrever "O grande testamento", um código que anjos e humanos sempre buscaram, mas que por ironia do destino só estava se revelando agora. Em frente sempre!

2.9-Herança

Termina a pausa e a equipe retorna para seus assentos respectivos nos bancos da praça central de Familyng. Cheios de expectativa, os visitantes esperam por uma manifestação de um dos guias e eis que desta feita Uriel é o primeiro a falar.

"Meus amigos e irmãos, tenho uma última questão a debater com vocês. Falaremos sobre herança. Todos de acordo? (Uriel)

"Sim. (os outros)

"Peço então a palavra do especialista Isael. (Uriel)

"Todos nascemos em uma família que possui conceitos próprios e únicos. Para muitos, esforçar-se por deixar uma herança com que os filhos possam sobreviver é uma questão de honra. Vocês acham isso importante? (Isael)

"Bom, não é ruim deixar algo para ajudar os filhos no futuro. O ruim é quando se foca só nisso, pois o mais importante são os valores éticos deixados que não se perdem nunca. (Opinou o vidente).

"Na minha família, eu sempre deixei claro a importância do trabalho e da independência de cada um. Não me preocupei com herança. (Philip)

"O que meus pais me deixaram de herança foram a lembrança das surras e da miséria. Após conhecer a guardiã, é que voltei a sonhar. (Renato)

"Lamento, Renato! Que bom que você encontrou alguém como ela! Nem todos tem esta sorte. (O vidente)

"Sei e agradeço a Deus por isso. (Renato)

"Ouçam todos. Assim diz Javé: Não se preocupem com o dia, mês ou ano que vem. Preocupem-se em fazer sempre o bem, em trabalhar dignamente que as outras coisas lhe serão acrescentadas. (Rafael).

"E mais: "Busquem o aprendizado dos bons costumes, a ética, a sabedoria, a sinceridade, a fidelidade que é isto o que realmente importa. São sua verdadeira herança junto com o amor e respeito dos seus". (Uriel)

"Glória a Deus! (Renato)

"Palavras que me encantam. (Philip)

"Viva o meu pai! (O vidente)

"Assim seja. (Rafael e Uriel)

"Vocês disseram tudo. Estou satisfeito com meu trabalho e a magnífica atmosfera que se formou entre nós. Porém, tenho que ir agora. O senhor me chama para meus afazeres. (Isael)

"Obrigado companheiro pela paciência demonstrada e pela sabedoria. Muito Grato! (Rafael)

"Dê lembranças a Deus. (Uriel)

"Quando o vir, darei. (Isael)

"Acrescentou muito sua participação. Obrigado. (o vidente)

"Nunca o esqueceremos. (Renato).

"Ajudou e muito. (Philip)

"Obrigado aos três. Vocês são uma equipe de garra. Desejo sorte, felicidades e sucesso em vossos caminhos. Até logo! (Isael)

"Até logo. (os outros)

Dito isto. Isael abraçou a todos e finalmente se afastou desaparecendo logo em seguida. Agora, só restaram os cinco e o vidente fez questão de se pronunciar.

"E agora? O que será de nós sem o Isael? (O vidente)

"Ele cumpriu sua missão. Voltemos à pousada. De acordo? (Rafael)

"Claro, irmão. Você é quem manda. (Uriel)

"Está bem. (Assentiu o vidente)

"Vamos? (Renato)

"Vamos embora! (Philip)

Ao sinal, o grupo partiu e como a pousada ficava perto com oito minutos eles já chegaram no estabelecimento. E agora? Qual seria o destino destes espíritos cheios do espírito santo? Continuariam a desvendar os segredos do testamento, desistiriam ou fracassariam no caminho? Estas hipóteses eram possíveis dependendo do destino, da sorte e da dedicação deles.

Fim